LA DÉMOCRATIE FRANÇAISE

DISCOURS

PRONONCÉ

Par M. le docteur LALA, de Rodez,

Le 19 décembre 1880

DEVANT LA GRANDE RÉUNION

PROVOQUÉE PAR

LE COMITÉ DE L'APPEL AU PEUPLE

de Millau (Aveyron.)

RODEZ

IMP. H. DE BROCA, BOULEVARD SAINTE-CATHERINE, 1.

1880

LA DÉMOCRATIE FRANÇAISE

DISCOURS

PRONONCÉ

Par M. le docteur LALA, de Rodez,

Le 19 décembre 1880

DEVANT LA GRANDE RÉUNION

PROVOQUÉE PAR

LE COMITÉ DE L'APPEL AU PEUPLE

de Millau (Aveyron.)

RODEZ

IMP. H. DE BROCA, BOULEVARD SAINTE-CATHERINE, 1.

1880

DISCOURS

PRONONCÉ

Par M. le docteur LALA, de Rodez,

Le 19 décembre 1880

Devant la grande réunion provoquée
par le Comité de l'Appel au Peuple de Millau (Aveyron).

MESSIEURS ET CHERS CONCITOYENS

Je vous remercie de la gracieuse invitation que vous avez bien voulu m'adresser par l'intermédiaire de vos honorables présidents.

Je remercie personnellement M. Lubac, président de cette réunion, des paroles flatteuses qu'il vient de prononcer ; qu'il me permette de lui dire que je ne suis que le très-humble soldat d'une très-grande cause, et que dans la tâche que je tente de remplir, ce soir, je compte moins sur mes forces que sur l'indulgence de tous. Je connais les sentiments patriotiques de M. Lubac, je connais son dévouement et sa fidélité au drapeau populaire, au drapeau national. C'est vous dire combien je suis heureux de le trouver à la présidence de cette brillante et généreuse assemblée.

Je vous remercie, Messieurs, particulièrement de l'empressement que vous avez tous mis à répondre à l'appel de ces hommes distingués, de ces hommes de cœur qui se sont placés ici à votre tête, et au milieu desquels j'aime à trouver mon excellent ami M. Henri Calvet-Rogniat, votre futur et vaillant candidat.

Lorsque des enfants bien nés savent leur mère sous le coup

d'une violente affliction, ils se réunissent autour d'elle ; chacun d'eux s'empresse de lui prodiguer ses meilleures consolations. Mais nous tous, Messieurs, nous avons une mère commune qui s'appelle la Patrie, et cette tendre, cette auguste mère, est en proie, en ce moment, à de vives angoisses : elle souffre cruellement, elle gémit de la discorde qui règne parmi ses enfants. Notre devoir n'est-il pas de nous unir, de nous grouper autour d'elle, et de lui prodiguer les témoignages de notre respectueuse affection et de notre inaltérable dévouement ! Tels sont les sentiments, Messieurs, qui nous ont conduit au milieu de vous, et qui nous mériteront, je l'espère, et votre bienveillance et votre sympathie.

Dans les temps troublés que nous traversons, il est bien délicat de porter la parole en public ; on ne peut en effet que tenir deux langages : celui de l'équivoque et du mensonge ou celui de la stricte vérité. Il est facile, nous le savons, de flatter toutes les mauvaises passions, de surexciter tous les mauvais instincts, et de conquérir ainsi de tristes mais fructueuses popularités. Illusionner et tromper les masses populaires pour mieux les exploiter, voilà, Messieurs, un rôle qui ne sera jamais le mien ! Le noble langage de la vérité, Messieurs, est le seul qui soit digne et de vous et de moi. Je vous demande donc la permission d'être vrai, de vous parler avec sincérité, de vous tenir, en un mot, un langage qu'on ne connaîtra bientôt plus : celui de la franchise, de la loyauté et de l'honneur. Ah ! je le sais, ce langage, il est périlleux peut-être de le tenir, mais il est patriotique de le parler, car si les peuples se perdent par le mensonge et par l'erreur, ils se relèvent, Messieurs, par l'amour de la justice et de la vérité. Et d'ailleurs, ne sommes-nous pas ici en réunion privée, c'est-à-dire en réunion de famille ? N'avons-nous pas le droit de nous entretenir des malheurs de la Patrie ? Animés par de communes aspirations, comme aussi par une commune fidélité, n'avons-nous pas le droit d'aller par la pensée, au-delà des mers, dans des lieux que vous savez !!... déposer une prière à côté d'une larme, sur les tombes de nos illustres morts ! Ah ! Messieurs, je vous en conjure, permettez-moi d'être moi-même, c'est-à-dire de vous parler avec mon cœur.

Homme de conviction, vous ne me verrez jamais à la poursuite de vains titres honorifiques ; apôtre d'une idée, je viens au milieu de vous remplir une mission que je considère comme sainte ; je viens arborer un drapeau cher à la nation, que nous avons tous suivi, qui a été maintes fois salué par les acclamations de la France entière. Ce drapeau c'est celui de la démocratie, celui de la souveraineté directe du peuple. C'est le drapeau de l'appel à la nation, c'est le drapeau de l'appel au peuple. Il symbolise, ce drapeau, ces nobles principes de 89, auxquels nous devons tous, vous comme moi, notre affranchissement et nos libertés. C'est à l'ombre de ce glorieux drapeau que nos pères ont posé les fondements de cette société nouvelle qui s'appelle la démocratie française. Cette démocratie a pour base l'égalité de tous devant la loi ; les mêmes droits pour tous de se caser au sein de la société suivant ses mérites et ses aptitudes. Suivre ce drapeau, c'est marcher sur les traces glorieuses de nos pères ; suivre ce drapeau, c'est protéger et défendre les précieuses conquêtes qu'ils nous ont transmises.

89, Messieurs, a brisé les chaînes des peuples, 89 a affranchi nos paysans et nos ouvriers ; 89 a inauguré la liberté des travailleurs ; 89 est la révolution la plus noble et la plus bienfaisante que l'humanité ait vue depuis l'Evangile qui l'a inspirée.

Ne nous étonnons donc point, Messieurs, que cette grande révolution ait ébranlé le monde, et qu'elle reçoive aujourd'hui les acclamations de tous les peuples. Mais sachons aussi nous rappeler que ces précieuses conquêtes, nos pères ne les ont obtenues que par des efforts gigantesques, des luttes terribles..... Gardons-nous surtout d'oublier ce génie providentiel, ce génie à la fois éclatant et bienfaisant qui a inspiré nos pères, qui les a guidés et conduits au triomphe ! Ces nobles conquêtes, ne l'oublions jamais, nos pères ont dû les défendre au prix de leur sang pour pouvoir les transmettre à leurs enfants. Ce dépôt sacré se trouve aujourd'hui déposé dans nos mains ; en le confiant à notre patriotisme et à notre piété filiale, nos pères nous ont laissé la mission de défendre, de développer, de protéger ce saint héritage ; ils nous ont imposé le devoir de le faire fructifier pour nous-mêmes et de le transmettre intact aux générations futures.

Quel est celui de nous, Messieurs, qui voudrait être infidèle aux dernières volontés de nos pères ? Quel est celui de nous qui, directement ou indirectement, voudrait contribuer à ramener le peuple à l'oppression et au servage sinistre d'autrefois ?

Oh! non Messieurs, nous ne permettrons pas qu'on nous dépouille d'un seul de nos droits ; nous repousserons de toute notre énergie tous les régimes de privilège où le peuple est toujours sacrifié, toujours immolé ! Dignes fils de nos pères, nous saurons défendre notre belle, notre grande démocratie française ; nous saurons revendiquer pour elle le droit sacré qu'on lui a ravi, de disposer d'elle-même et de régler ses propres destinées. Examinons froidement la situation de la France ; étudions les faits avec calme, et surtout sachons nous élever assez haut pour dominer toutes les passions et juger ces faits avec une entière impartialité.

Depuis 60 ans, la France encore sous le coup de la commotion morale produite par la grande révolution, vit dans des alternatives d'apaisement et d'agitation, et semble ne pouvoir plus retrouver son équilibre ; c'est que la grande révolution française n'a point été qu'un changement dynastique ; elle n'a point été seulement une révolution politique ; elle a été surtout et par-dessus tout une grande révolution sociale. A l'ancienne société a succédé une société toute nouvelle ; le première avait pour base la concentration de la fortune et de la puissance dans les mains de certaines castes privilégiées ; le peuple, lui, n'était rien ! La seconde a pris pour fondement la liberté, l'égalité et la fraternité, principes primordiaux qu'elle a puisés dans l'Evangile. Dans l'ancienne société, on faisait descendre l'autorité et le pouvoir des hauteurs célestes : on les disait émanés de Dieu même ; c'était en un mot, ce qu'on appelait le droit divin. La nation était pour ainsi dire une sorte de propriété royale, et le peuple n'avait d'autre droit que celui d'obéir aveuglément. Ce système de gouvernement pouvait convenir à la période ténébreuse du moyen-âge, où les peuples se trouvaient encore quasi dans l'enfance ; mais peu à peu, la lumière devait pénétrer dans les masses populaires ; l'instruction devait se répandre ; les peuples devaient croître et grandir, et ce jour-là, les gouvernements despotiques du moyen-âge devaient disparaître aux premiers rayons du soleil de la liberté..... Ainsi s'effondra notre vieille monarchie, après avoir donné de grandes gloires à la France, et jeté un vif éclat sur la civilisation.....

La nouvelle société fit son entrée dans le monde en proclamant la liberté de l'homme et l'indépendance des peuples. Désormais, les hommes ne sont pas seulement libres, ils sont égaux ; ils ne sont pas seulement égaux, ils sont tous frères.

De tels principes, Messieurs, puisés dans le livre divin, de telles paroles tombées de la bouche même de la grande et sainte victime du Calvaire, devaient commotionner toutes les nations et enthousiasmer tous les peuples. Il ne faut donc pas être surpris, je le répète, que 89 ait ébranlé le monde.

Si tous les citoyens d'une même nation étaient égaux, ils devaient être régis par les mêmes lois; *ainsi naquit l'égalité civile...*

Si tous les citoyens étaient frères, s'ils étaient tous les membres d'une même famille qui s'appelle la nation; s'ils étaient tous les enfants d'une même mère qui s'appelle la Patrie, ils devaient tous être gouvernés avec la même justice; tous désormais avaient les mêmes droits et les mêmes devoirs, Ainsi naquit, Messieurs, cette grande démocratie française qui a tant grandi la sphère d'activité de l'homme et porté si haut la dignité des peuples.

Dans l'ancienne société, Messieurs, le peuple était parqué comme un immense troupeau; il était pour ainsi dire la propriété du souverain; dans la société moderne, le peuple n'est qu'une grande famille; son chef ou son souverain n'est qu'un mandataire du peuple responsable devant la nation; l'autorité qu'il représente il la puise dans le peuple; la justice qu'il exerce il l'exerce au nom du peuple. Entre une société qui avait pour base les préjugés barbares du moyen-âge et une société qui a pris pour fondement les principes mêmes du livre divin, quel est l'homme honnête, l'homme vertueux et religieux qui peut hésiter dans le choix? Et cependant, Messieurs, la lutte entre le passé et le présent, entre la vieille société et la société moderne, entre le régime des priviléges et la démocratie, se continue depuis 60 ans... C'est dans cette lutte persistante que l'historien et le penseur découvriront les causes de toutes les révolutions, de toutes les commotions sociales que nous avons subies dans le cours de cette époque; lutte qui, en se prolongeant indéfiniment, pourrait bien finir par compromettre notre existence nationale.

Chacun de ces grands principes politiques est représenté aujourd'hui en France par deux partis : à droite nous trouvons les partisans de la vieille monarchie et ceux de la monarchie contractuelle de 1830, en un mot la Légitimité et l'Orléanisme; à gauche nous trouvons l'Empire et la République.

La vieille monarchie, nous l'avons vu, puisait son autorité dans le prétendu droit divin et faisait reposer le pouvoir sur la noblesse et le clergé. La monarchie de 1830 a pris naissance par un coup d'Etat parlementaire ; elle a fait reposer le pouvoir sur une nouvelle caste ; à la noblesse et au clergé, elle a substitué la bourgeoisie ; la situation de la nation et du peuple est restée la même. Le peuple, sous la vieille monarchie, n'était qu'un vil troupeau ; le peuple, sous la monarchie orléaniste, n'a été qu'une *vile multitude*. Dans la seconde comme dans la première monarchie, le peuple privé de tout droit civique, n'a été qu'une grande masse de corvéables...

En 1873, la branche d'Orléans a fait sa soumission à la branche des Bourbons, la monarchie de 1830 s'est fondue dans la vieille monarchie ; il devait en être ainsi, puisqu'elles personnifiaient, toutes les deux, le même principe de gouvernement, le principe des priviléges ; l'une et l'autre était l'ennemie du droit populaire et la négation de la démocratie.

L'Empire et la République, Messieurs, sont issus de la révolution de 89. La démocratie républicaine et la démocratie impériale sont filles d'une même mère ; elles sont donc sœurs. La République et l'Empire personnifient le même principe de gouvernement : l'une et l'autre proclament le peuple souverain, l'une et l'autre affirment la liberté du citoyen, l'une et l'autre reconnaissent l'égalité de tous devant la loi ; aux yeux de l'une et de l'autre tous les citoyens sont frères, étant les enfants d'une même patrie ; l'une et l'autre invoquent la souveraineté nationale pour justifier leur origine et leur raison d'être. La République et l'Empire se disputent, depuis 60 ans, la direction de cette société moderne sortie des entrailles de la grande Révolution.

La première république a pris naissance à l'époque néfaste de 93 ; elle est née dans le sang ; elle a souillé la liberté naissante par le crime ; elle n'a su enfanter que la misère et le deuil, et son impuissance a été telle que c'en était fait de nos immortels principes de 89, c'en était fait de notre grande révolution si la Providence n'avait envoyé son messager ! Dans quel état était la France quand parut le grand Génie dont la mission était de tout sauver ? Plus d'autorité, plus de pouvoir, plus de justice, plus de discipline dans les armées qui étaient tombées dans le dénûment le plus extrême ; les impôts impossibles à percevoir, les caisses de l'Etat entièrement vides, les autels renversés, le désespoir dans les âmes, l'affaissement dans les cœurs, l'anarchie et la misère partout, et l'Europe irritée qui attaquait nos frontières de toutes parts, la vieille société démolie, (car il n'existait plus que des débris) la nouvelle tout entière à constituer, telle était la situation faite à la France par la première république !...

Le héros des Pyramides paraît et la France respire, et la face du monde est changée : cette révolution violente de 93, qui faisait ruisseler le sang français sur toutes nos places publiques, qui l'a arrêtée dans son cours ? Ces débris ensanglantés de la vieille société française, qui les a arrachés des mains de la Révolution ? qui les a recueillis ? qui a constitué cette société nouvelle ? qui a fondé cette grande démocratie française, laquelle a étonné le monde par sa fécondité et ses bienfaits ? Cette démocratie, qui l'a organisée, qui lui a donné des bases inébranlables ? Quelles mains ont construit ce monument gigantesque qui a élevé si haut la grandeur morale de la France et qui s'appelle le CODE CIVIL ? Qui a fait triompher le droit moderne des nations et des peuples ? Qui a couronné son œuvre par le plus grand des bienfaits en réconciliant cette société nouvelle avec l'Eglise du Christ par le CONCORDAT ? Qui a promené la gloire de la France démocratique jusqu'aux extrémités du monde ? Républicains, ce n'est pas vous, car la vérité et la justice affirment que l'auteur de ces grandes choses s'appelait le HÉROS D'AUSTERLITZ !!.....

Oui, Messieurs, le créateur du droit moderne, le fondateur de la liberté et de la dignité des peuples, le héros de notre grande démocratie, ce fut NAPOLÉON...

La seconde République est née le 24 février 1848 ; sortie de la révolte dans la rue, elle a dédaigné de consulter la nation et de faire consacrer son pouvoir par le peuple. Qu'a-t-elle fait de la volonté nationale ? elle l'a foulée aux pieds ; qu'a-t-elle fait du droit souverain du peuple ? Elle l'a méprisé. La seconde République, comme la première, s'armant d'une sorte de droit divin, substituant l'arbitraire d'un parti à la volonté nationale, a tenté d'imposer à la France sa philosophie rationaliste ou athée, ses doctrines politiques violentes, ses théories sociales grotesques ou subversives ; après avoir excité les passions populaires pour escalader le pouvoir, elle dut faire mitrailler le peuple pour le contenir ; et une seconde fois le sang français coula dans la rue !...

La France indignée protesta, et la seconde République dut faire place à l'héritier de Napoléon, dont le nom fut acclamé par le peuple tout entier, Que devint notre démocratie entre les mains de cette seconde république ? Elle fut conspuée ! Qu'a-t-on fait pour le peuple, quels progrès a-t-on accomplis ? L'impuissance de la seconde République a égalé l'impuissance de la première. L'une et l'autre ont laissé le peuple dans la souffrance, et la France dans l'anarchie.

Le suffrage universel qui avait succombé dans les mains de la seconde République, qui l'a rétabli en 1851 ? Le droit populaire, la souveraineté nationale, qui les a reconnus, qui les a invoqués.,. Qui a substitué un gouvernement national à un gouvernement révolutionnaire ? Qui a rendu son essor à la démocratie française ? Qui a proclamé à nouveau le droit national des peuples ? Qui a sillonné la France de lignes ferrées ? Qui a donné à l'agriculture, au commerce et à l'industrie cette impulsion sans exemple ? Qui a donné au travail, dans toutes les branches, cette activité inouïe qui avait enfanté pour le peuple tant de bien-être et tant de prospérité ? Qui avait établi les cités ouvrières ? Qui avait assuré la retraite des invalides du travail ? Qui a fait incliner pour la seconde fois les vieilles monarchies féodales devant la France démocratique ? Qui a fait consacrer cette grande démocratie française par tous les souverains de l'Europe réunis à Paris, dans la capitale de l'Empire devenue la capitale du monde civilisé ?... Républicains, ce n'est pas encore vous, car l'histoire raconte que l'auteur de toutes ces grandes choses s'appelait encore Napoléon... Il était l'héritier du martyr de Sainte-Hélène, et pour la douleur de la France, les cendres de ce grand bienfaiteur du peuple français reposent à Chislehurst, sur une terre étrangère, à côté de celles de son valeureux fils, notre bien-aimé, notre regretté Prince Impérial, tous les deux morts en exil des douleurs de la patrie !!!.,.

La troisième République, Messieurs, est née le 4 septembre 1870, son origine a été lugubre; elle a eu pour mère la révolte; elle a eu pour père l'étranger ; elle est fille de la haine et de la trahison ; pour l'honneur de la France, le peuple n'a été pour rien dans ce honteux enfantement. La troisième République, avec une telle origine, ne pouvait être consacrée par la nation ;

aussi la nation n'a-t-elle point été consultée. La trahison de la patrie devant l'ennemi, le plus grand des forfaits que l'histoire ait jamais enregistrés, ne pouvait être amnistié et consacré par le peuple, reconnu dans le monde entier comme le plus loyal et le plus chevaleresque. C'est ainsi que la troisième fois la République s'est imposée à la France. La nation qui venait d'acclamer pour la troisième fois l'Empire a été odieusement souffletée ; la souveraineté nationale a été une troisième fois foulée aux pieds, le plus grand peuple du monde a été bafoué, spolié dans sa souveraineté, spolié dans tous ses droits. Le peuple, en effet, possédait la plénitude du suffrage universel ; il n'en a plus que l'ombre ; le peuple possédait la souveraineté directe, complète, il en a été dépouillé ; le peuple était maître de régler ses propres destinées, aujourd'hui il n'est plus maître de rien ; il doit subir en silence un gouvernement chaque jour plus tyrannique. La troisième République, comme la seconde, dédaignant la volonté populaire, foulant aux pieds les droits du peuple, s'est encore armée d'une sorte de droit divin pour imposer à la nation une philosophie athée et des théories sociales incendiaires. Se trouvant en présence d'un peuple dont ils troublent la paix, dont ils contrarient les nobles et généreuses aspirations, nos gouvernants en sont réduits à user despotiquement d'un pouvoir qu'ils se sont donné eux-mêmes, et à tenter par la violence de faire une France à leur image !... Le châtiment de tous les gouvernements nés de l'usurpation c'est d'être condamnés à vivre par la tyrannie ; nés de la violence, ils ne peuvent se soutenir que par la violence. Seuls, les gouvernements issus de la volonté populaire peuvent prétendre à s'emparer du cœur et de l'âme de la nation et devenir les interprètes fidèles de ses aspirations légitimes : On avait promis à la France une république sage et modérée ; on lui offrait, disait-on, la plus belle fille d'Athènes ; sa nature était angélique ; ses yeux étaient bleus comme la Méditerranée ; et, au lieu de cette belle fille du Pirée, on présente à la France une bohémienne éhontée, qui s'adonne à tous les vices et qui a horreur de toute vertu. On avait encore promis à la France une République grande et forte ; ce sera, disait-on, une vertueuse romaine remplie de tendresse, d'affection et de sollicitude pour *tous* ses enfants ; et, au lieu de cette noble fille du Capitole, on présente à la nation une hideuse Marianne qui, après avoir promené dans

Paris, la capitale de la France et du monde civilisé, l'assassinat et la torche de l'incendie, s'acharne aujourd'hui à semer partout la haine et la discorde, et semble ne rêver pour notre malheureuse patrie qu'une effroyable guerre civile et des fleuves de sang !! C'est en vain que depuis dix ans nos gouvernants s'efforcent de faire du régime républicain un gouvernement pratique, susceptible d'être accepté par un peuple civilisé ; leurs efforts sont vains ; la logique est inflexible : l'usurpation conduit à l'usurpation, la violence conduit à la violence et le crime conduit au crime ; et la France est menacée de subir un effroyable cataclysme social !! Quelle que soit notre patriotique résignation, Messieurs, pouvons-nous rester impassibles devant les malheurs qui menacent notre patrie. Jetez un coup d'œil autour de vous ; examinez froidement et sans parti pris la situation : au point de vue matériel, c'est l'appauvrissement général ; c'est la misère pour tous qui s'avance ; c'est l'agriculture qui dépérit ; c'est le commerce qui languit ; c'est l'industrie française qui se meurt ; c'est le travail paralysé ; c'est l'activité nationale suspendue ! Au point de vue moral, c'est l'intelligence rendue captive et arrêtée dans son essor ; ce sont les consciences enchaînées ; c'est l'asile de la prière odieusement violée ; c'est l'âme humaine outragée !..... Ici, c'est le citoyen dépouillé de ses plus précieux droits civiques ; c'est un grand peuple privé de sa souveraineté ; et, condamné à courber la tête devant d'odieuses usurpations ; là, c'est le père de famille privé du droit d'élever ses enfants conformément à sa conscience, c'est le droit naturel le plus précieux et le plus cher au cœur de l'homme hypocritement foulé aux pieds. C'est l'intelligence devenue prisonnière de la passion révolutionnaire ; plus loin, c'est la conscience conspuée dans ses aspirations les plus sublimes et les plus élevées. Partout ce sont les plus saintes libertés qui succombent et les plus odieuses tyrannies qui triomphent.

Si vous jetez un coup d'œil sur la situation administrative et politique de la France, l'avenir ne vous paraîtra ni moins lugubre, ni moins menaçant ; des pouvoirs publics sans équilibre et sans prestige : deux Assemblées en état d'hostilité sourde et prêtes à en venir aux mains ; l'esprit de gouvernement remplacé par la passion révolutionnaire ; nos parquets décimés ; notre magistrature assise menacée d'un bouleversement complot ; tous nos fonctionnaires réduits à l'état d'îlotes et condamnés à servir parfois les plus détestables passions. Plus d'autorité morale dans le gouvernement ; plus de respect pour les lois ; partout l'arbitraire et la violence révolutionnaire s'acharnant à détruire ce magnifique organisme gouvernemental fondé par le génie du Premier Consul. C'est l'anarchie complète qui nous envahit ; c'est notre état social qui se désagrège et se décompose. C'est notre démocratie française humiliée devant l'Europe, déshonorée devant le monde civilisé et menacée des plus grandes catastrophes.

Pour la troisième fois, la démocratie française est tombée entre les mains de la République et pour la troisième fois la République a été impuissante à la diriger. La troisième République, comme ses deux sœurs aînées, n'a pu enfanter que l'anarchie pour la nation, la souffrance et la servitude pour le peuple. La première nous a donné l'échafaud de 93 ; la seconde nous a donné les fusillades de juin ; la troisième nous a gratifiés de l'incendie de notre capitale et de l'égorgement des otages. Par trois fois la liberté a été souillée par le crime ; par trois fois la conscience nationale a été outragée ; par trois fois la nation et le peuple ont dû subir de criminelles tyrannies. Messieurs, de grands malheurs menacent notre patrie ; à l'extérieur, l'Europe moralement coalisée contre nous, a les yeux fixés sur la France ; elle assiste l'arme au bras à notre décomposition sociale. A l'intérieur, l'anarchie est partout et la guerre civile est prête à frapper à nos portes ; encore un peu de temps et de nos grandes institutions démocratiques il n'existera bientôt plus que des ruines. Messieurs et chers concitoyens, pensez-vous que nous puissions assister immobiles à la ruine de notre patrie et aux catastrophes fatales qui l'attendent ? Ces belles conquêtes de 89 accomplies par nos pères au prix de tant de sang, les laisserons-nous périr dans nos mains ? Cette belle démocratie française organisée par le génie du Grand Homme, qui, par deux fois, a fait l'étonnement du monde et l'admiration des peuples, la laisserons-nous dégrader par la démagogie et s'abîmer dans l'anarchie révolutionnaire ? Ces grands principes démocratiques qui font la force et la gloire du peuple, qui sont les garanties de l'affranchissement et des libertés du peuple, n'aurons-nous pas le courage de les défendre ? Ce dépôt sacré que nos pères nous ont confié, le laisserons-nous se

www.ingramcontent.com/pod-product-compliance
Lightning Source LLC
Chambersburg PA
CBHW071451060426
42450CB00009BA/2378